AF175240

Arbeitstitel: Kaiserslautern....

Wohnzimmerfenster offen, "Fenster zum Hof"-Geräusche.... Vögel, Kinder, Autos, Hunde....
Und die Kriegstreiber aus Ramstein dürfen nicht fehlen (wohne genau in der Flugschneise -
aber wer nicht in K-Town.... ). Meiner Katze (sie freut sich wenn ihr auf ihre Seite geht:
Gerd´s Katze Molly hat ihre eigene Seite) war es die Tage zu heiß: will raus, will raus -
IndoorRevier nur für Futter und Streicheleinheiten aktiv, lach ;-) Ansonsten OudoorRevier
mit Lieblingsbaum, Lieblingsmulde, Revierinspektion, sonnen, faulenzen, Mäuse und Vögel
jagen, Revier gegen andere Cats verteidigen, vielleicht doch anfreunden..... Zeiten und

Gezeiten, Gefühle und Gedanken, Bauch und Kopf, Seele und Geist checken mal ein Leben im Körper ab.... Techniken und Zeitgeister ändern sich, Mainstream wird jährlich neu befohlen, aber Lebensereignisse kümmern sich nicht darum. Die Vibrations sind in sommerlicher Hitze zeitunabhängig, menschliche Attribute unterscheiden nicht zwischen Steinzeit und 21. Jahrhundert. Kaiserslautern in den 70ern des 20. Jahrhunderts: Studentenkneipen wie das Smile, das Thing, zeitweilig die Pille, Legenden wie die Rumpelkammer, Discos wie das Trocadero, das Old Vienna, KL 2000, Old Big Ben, New Big Ben, Moulin Rouge und und.... Da war was geboten in den 70ern.... Discos mitten in der Stadt.... Mittlerweile gibt es Großraumzappelhallen im DesignerdrogenTechnosound am Rande der Stadt.... Die Innenstadt besteht nur noch aus Optikern, 1 Euro-Läden und Bäckereien - und "de Betze" ist auch nur noch zweitklassig.... Ooooh, jetzt kommt ja die große Mall, am Megabau wird schon kräftig gebosselt - fragt sich nur, wer noch Geld in KL zum Einkaufen hat, wenn die "Einkaufsmeile" öffnet (außer das übliche Bonzengesocks...). Aber hey, K-Town mauserte sich - nach Abbau von Pfaff, Amis, Opel - zur innovativen Stadt der Zukunftstechnologie (z.B. Frauenhoferinstitut), die Infrastruktur wurde durch die WM 2006 stark verbessert. Zeiten und Gezeiten, Gefühle und Gedanken, uralte Fotos und Zeitgeschichte von KL im Zinkmuseum, modern gestylte KL-Videos auf you tube.... Ich stehe vor dem alten Haus und.... Aber was das Haus erlebt: siehe ZEIT in meinem 1. ISBN-Buch "Blood On The Rooftops"

-------

war im Juni 2014 - nur die letzte ZEIT-Zeile war heute am 11.06.2921!

-------


Hallo S 1 (e-mail)

Ich habe eine sehr kreative 19 Songs-Sammlung gezaubert in der you tube-Songliste. Es ist MEIN Lebenssoundtrack, Zeitreise!!

Ich hoffe, das Du es hörst, da ist pure, geile Musik! Wäre nur blöd, wenn aufeinmal 3 Songs weg sind - typical you tube...

Jeeetzt sind die Songs hörenswert daa! Wenigstens dokumentarisch...

Von Genesis kennst Du Domino (Phil Collins), ich habe von Genesis The Lamia (Peter Gabriel)! Übrigens: NUUR EIN SONG pro Band...

Oder der Soundtrack von meiner Nr 1 Serie Twin Peaks! Oder California von der Earthband! Oder Kashmir von Led Zeppelin! Oder Sheep von Pink Floyd! Oder Station to Station (David Bowie), Teardrop (Massive Attack feat. Elisabeth Frasier) Jaaaaaaaaaaaaaaaaaaa, herrliche Perlen!!

MEINE 19 LEBENSSOUNSTRACKS (mit diversen Versionen... Siehe meine Bücher Blood On The Rooftops, Liebe ist alles, Music Was My First Love, Rust Never Sleeps....)

Gerd Steinkoenig Megasongs

19 VideosKeine AufrufeHeute aktualisiert

Öffentlich

Nur ein Song pro Band, Lebenssoundtrack, Zeitreisen, 19 Songs

Gerd Steinkoenig

SORTIEREN

7:19LÄUFT GERADE

Genesis - The Lamia (Live 1975)

Max Milian

4:09LÄUFT GERADE

Julee Cruise - Falling (Twin Peaks Soundtrack)

Serge K

5:16LÄUFT GERADE

Falco - It's All Over Now, Baby Blue (10. Donauinselfest 1993)

BenniRoR

8:32LÄUFT GERADE

Böhse Onkelz - Erinnerungen (Live @Hockenheimring 2015) HD

BOMBERPILOT44

10:21LÄUFT GERADE

Pink Floyd - Sheep (lyrics)

bearzilla333


4:26LÄUFT GERADE

The Beatles - I Am The Walrus

The Beatles Videos


9:07LÄUFT GERADE

Led Zeppelin - Kashmir (Live from Celebration Day) (Official Video)

Led Zeppelin


9:09LÄUFT GERADE

Neil Young - Cowgirl in the Sand (Live at Farm Aid 2000)

Farm Aid

Spendenaktion


5:26LÄUFT GERADE

Massive Attack - Teardrop with Liz Fraser

metasulfito


5:30LÄUFT GERADE

U2 – With Or Without You (Live in Boston 2001)

U2


5:54LÄUFT GERADE

Deep Purple - Highway Star 1972 Video HQ

NEA ZIXNH

5:16LÄUFT GERADE

Sade - Why can't we live Together ? - Montreux Jazz Festival ( 1984 )

Fanifredo

4:18LÄUFT GERADE

Santana - Put Your Lights On ft. Everlast (Official Video)

Santana

4:18LÄUFT GERADE

Kate Bush - Hammer Horror - Official Music Video

KateBushMusic

9:30LÄUFT GERADE

David Bowie • Station To Station • Live 1978

Nacho Video

5:13LÄUFT GERADE

Stevie Wonder - Superstition - Live in London 2008

lecknertal

6:23LÄUFT GERADE

Chic - I Want Your Love (Live At The Budokan)

funkjazzmusic

4:03LÄUFT GERADE

The Raven in HD by The Alan Parsons Project

vzqk50HD


5:30LÄUFT GERADE

California by Manfred Mann's Earth Band

vzqk50CL

Foto vom Autor, 2013 Waldfriedhof K-Town mit Eichhörnchen... In Sekundenschnelle...

Foto vom Autor, 2015, 17 Tage Annweiler (new residence...) und ich

Das Haus sieht Wirtschaftswunder, APO, neue Moden

Die Fenster blicken auf die glückliche Mutter mit dem Nachwuchs, die vor Kurzem selbst noch Nachwuchs war

Und welche Melodien an die Wände schallten: La-Le-Lu von Heinz Rühmann, später Glen Miller

Dann hörte der Bruder die Stones, die Schwester die Beatles...

Das Haus könnte ein Buch über die Menschen schreiben

Deren Verhalten, die Beeinflussung durch Suggession von Medien und Staat

... unsichtbare Gesetze, neue Zeitgeister

ZEIT-Collage vom Autor, Prosa-Ausschnitt aus 2012, Haus von 1840 (Foto 16.06.2021)

Hallo Dxxxx,

hatte gute Fotos, war super. Da Du zu hektisch warst, mach ich nochmal Kennenlern (was eigentlich Blödsinn ist, da ich eh nur eine Nummer bin, hahaha).

Hauptschulabschluss 1974, Mittlere Reife (Handelsschule) 1976, 3 Berufsabschlüsse (Großhandelskaufmann 1978, Mittlere Verwaltungslaufbahn 1983, Seniorenbetreuer/pfleger 2016).

Allesmögliche als Lagerist, Verkäufer, Materialverwaltung, JVA Mannheim (Büro/Verwaltung), Eigentumswohnungverkäufer, Stadtverwaltung Referat Kultur KL, Einlasskontrolle, Call Center Agent, Seniorenbetreuer etc etc.

TV-Produzent/Moderator 2013-2014 für OK-KL mit 5 Episoden SMOKE - das Musikcafe.

Buchautor mit 20 ISBN-Büchern (Nationalbibliothek, amazon, Thalia.de etc etc) mit Blood On The Rooftops (2017), Liebe ist alles (2017), Music Was My First Love (2017), Danach (2019), Fühlen (2020) etc etc.

Fotograf - siehe kleiner Shot vom "Klammeraffen".

Wahrscheinlich Zeitverschwendung, aber trotzdem, lach...

Übrigens: gerade heute war wieder Artikel zur Woke-Bewegung - ich hebs auf für Dich...
Übrigens: es gibt im GG ein Artikel 5...

---------------

FREIHEIT, Leben, Liebe, Individualität, Selbstständigkeit, Experiment, Idealismus, Kleidung, Haare, Nahrung, Natur, Tiere, Vertrauen, Gefühl, Seele, Bauch, Hirn, Sinn, Kreativität, FREIHEIT

-----------

Die definitiven 10 Supersongs! Ich weiß, neverending Story... 1) It's all over now Baby Blue (Bob Dylan, Covers: Van Morrison, Eric Burdon etc), 2) The Lamia (Genesis), 3) Kashmir (Led Zeppelin), 4) Sheep (Pink Floyd), 5) I'm The Walrus (The Beatles) 6) Julia (Pavlovs Dog) 7) Cowgirl In The Sand (Neil Young) 8) Hammer Horror (Kate Bush) 9) Sense of Doubt (David Bowie) 10) Highway Star (Deep Purple) 10.06.2021 by GFS

Später hatte ich die 19 Megasongs auf you tube (vorher in diesem Buch!)... Vorher bei diversen Büchern, Mappen... Immer Momentums, aber immer wieder Supersongs, Lebenssoundtracks... (19.06.21)

Unter allen Geschöpfen dieser Erde gibt es nur eines, das sich keiner Versklavung unterwerfen lässt. Dieses ist die Katze.

– Mark Twain

FRESSNAPF

Forever moi Katzemääädsche Molly (2005 - 2021)

Gender-Scheiß gelöst!!!! Das Wort heißt MENSCH!! Egal ob Frau, Mann, Diverse etc. Es heißt: HALLO, LIEBE MENSCHEN!

Mit 20 oder 30 war ich idealistisch, DER Traum war noch da! Rio Reiser hat recht: Der Traum ist aus! Nur noch stromlinienförmige Mainstreamroboter von der Staatsuniformiertheit!! Mit 61 WEISS ich, das in 20 bis 30 Jahren die Menschheit weg ist. Bei meiner nächsten Lebensdimension lebe ich als Löwe oder als Adler, oder als eine Art Mensch auf Planet RX562AA....

Meine 10 ZEITLOSEN Traumfrauen!! Außer Konkurrenz sind natürlich meine geilsten, schönsten facebookFrauen!! 1. Jennifer Aniston 2. Audrey Hepburn 3. Brigitte Bardot 4. Marylin Monroe 5. Nastassja Kinski 6. Ingrid Steeger 7. Iris Berben 8. Kate Bush 9. Nena 10. Sophia Loren!! Ihr Mädels: habt Ihr 10 Promimänner für Euch?? Lach...

-------------

Gerd Steinkoenig

18 Min. ·

Mit Öffentlich geteilt

DER GEIST DER FREIHEIT!! Nach vielen Monaten mal wieder einen Status Quo zu Betreuern, "Betreuer"-Anwältin... Schon z.B. bei meinen Büchern DANACH-Trilogie, FÜHLEN, hatte ich geschrieben, versucht, sinniert. Oder bei meinen fb-Gruppen/Seiten... Ich dreh aber nur im Kreis... Natürlich habe ich meine Entwicklungen, Fortschritte etc.! Natürlich habe ich meine positve Energie und lache nur über diese Betreuer-Roboter! Meine "Betreuer"-Anwältin hat keine Ahnung von mir. Sie ist respektlos, charakterlos, menschenlos! Wenigstens ist sie eine wirklich gute Anwältin. Daher lasse ich es halt... Auch durch eine wirklich gute Sekretärin (verlängerter Arm zwischen Anwältin und mir). Die erste Betreuerassistentin war die Mrs P! Die kennt Ihr bestlmmt schon, lach. Mrs P war tatsächlich sehr gut mit zwischenmenschlichen Verständnis: Kino am Sonntagnachmittag, Waldspaziergang am Sonntagnachmittag, Dates mit einem Lokal in meiner Heimatlocation, der legendäre Waschsalon etc etc. Aber sie ist die Freundin von der "Betreuer"-Anwältin. Hatte ich erst gewusst, als es zu spät war (unsere Trennung). Ich hatte vertraut und ich nehme an: Spionin zu dieser Anwältin... Und eben ihre egomanische Weltfremdheit! Meine Mutter und meine Wohnung war gaga! Sogar meine Mutter: was ist denn das für eine... Mutter und ich hatten nach Monaten sich unterhalten und Mrs P meinte: So, jetzt habt ihr genug gegaggert!! Sie dann gleich mit intelligentem Psychoblabla... Und die Wohnung misste mit "rosa Deckchen" dekoriert werden... Nun, Mrs P war weg und dann diese 2 neuen Betreuerassistenten. Nr1 war Pädagoge, Nr2 Psychologe. Nr1 ist sozusagen Holzfachmann und hatte wirklich gute Arbeit geleistet (z.B. neues Bett, Spüle) und das ganze Tätärä mit Wahnsinnsschrank, Super-TV, neue Waschmaschine etc etc. Jetzt hab ich die Nr1 auch "geschreddert"... Er ist der Superstar, egomanisch rechthaberisch. Das war schon am Anfang mit den BAs und der Anwältin. ER war der Superstar mit 15 Minuten Monolog, bis die Anwältin keinen Bock hatte und ging. Was ICH sagen wollte, war nix. Wenigstens ein bisschen durch die Sekretärin. Meine persönlichen Belange interessiert ihm nicht - ich bin ja bloß ein Depp. Ich hatte you tube-Songlisten (ER vielleicht 3 gehört von ca 40), Genesis-Biografie von mir: nie gelesen. Das war für mich ein Bezug für unseren relativ gleichen Musikgeschmack, damit wir eine Wellenlänge sind - aber der Typ ist vorbei. Nr2, der Psycho, ist mein Liebling, hahaha... Im Momentum ist er wirklich gut. Viele individuelle Gemeinsamkeiten, durch meine Gesundheit etc. Und Nr2 macht oft "Fotosafaris" - Ihr habt bestimmt viele Fotoalben gesehen: Annweiler, Albersweiler, Birkweiler etc. Nun hab ich die Nr3, weil Nr1 ja weg ist. Und die Nr3 soll der 3.Weggang sein. Im Endeffekt nur einmal, aber der Typ war eine Symbiose zwischen Anwältin und Egotrip... FAZIT: ich brauche unbedingt meine individuelle Gemeinschaft durch normalen Menschen, irgendwie einen Job, mit Freiheit, mitten im Leben. Denn dieser Scheiß kann nicht jahrelang so sein!! Ich hab meine Individualität mit meinen Chatakteren, aber durch diese Leute (außer Nr2, Sekretärin) bin ich staatsmainstreamig weichgespült!! Ich habe meine Reinheit, Gelassenheit, Gesundheit, ich bin Autor, Fotograf und vielleicht doch DEN Job etc. Aber 2021 bin ich von denen nur ein Depp - so wie Dezember 2017, 2018...

Gerd Steinkoenig Gerd F Steinkoenig 20.06.2021

----------

3       1/3     Ratten der Großstadt    Der Gastwirt einer verrufenen Kneipe, in der hauptsächlich Landstreicher, Alkoholiker und Kleinkriminelle verkehren, wurde ermordet. Grabert ermittelt unter falscher Identität im Milieu. Gastdarsteller: Horst Frank, Hilde Volk, Ilona Grübel, Gerd Baltus, Klaus Schwarzkopf, Werner Pochath, Heini Göbel, Dietrich Thoms, Fred Haltiner.   31. Jan. 1969     Theodor Grädler

Das war die 3. Episode von DER KOMMISSAR! Ich hab ein Buchwälzer und hab eine Beschreibumg zu dieser legendären BRD-Zeitgeist-Serie in meinem Buch "Blood On The Rooftops".

Die Serie war von 1969 - 1976 mit viel Rock- und Popmusik, mit legendären Episoden (z.B. Grau-Roter Morgen), 1 bis 2 x im Monat, immer Superstars, immer ein Ereignis.   Das verstehen die Leute heute nicht - mit "10 Episoden an einem Tag" etc...

Ich hoffe, das die Geschichte DER KOMMISSAR auch im Jahr 2115 noch dokumentiert ist...

15      2/3     Der Papierblumenmörder       Ein junges Mädchen ist ermordet worden. Die Ermittlungen führen ins Hippiemilieu sowie in das Umfeld eines Erziehungsheimes, in dem verwahrloste Mädchen von einem älteren Herrn mit sexuellen Interessen aufgesucht werden. Gastdarsteller: Christiane Schröder, Thomas Fritsch, Herbert Tiede, Kurt Horwitz, Eva Mattes, Ursula Wolff.      16. Jan. 1970     Zbyněk Brynych

------------

**Wir sind alle nur Besucher
auf dieser Welt und zu dieser Zeit.**

Unsere Seelen sind nur
auf der Durchreise.

Unsere Aufgabe hier ist es
zu beobachten, zu lernen
zu wachsen, zu lieben

und dann wieder
nach Hause zu gehen.

*Weisheit der Aborigines*

Gerd Steinkoenig

3. Juni 2018 ·

Mit Öffentlich geteilt

MEIN BEST OF-BUCH! MIT PROLOG!!   KAMPF

MUT

WILLE

DISZIPLIN

GELASSENHEIT, HARMONIE, DEMUT, LIEBE, GESUNDHEIT, HEILUNG, NEUES LEBEN

THE BEST OF...

7 ISBN-Bücher hatte ich 2017. Nach dem 7. Buch hatte ich den Break. Schlaganfall, Epilepsie. Sinnigerweise: Mediainfarkt... Diese Momentums habe ich 3 NO ISBN-Bücher geschrieben (und CD-R-Sammlungen als "Bücher"). Chronologie im Dezember oder Januar oder April oder Mai... Neues Leben heißt auch  neue Gedanken über das Leben, über Gesundheit, Gemeinschaft, Zweisamkeit, Gewohnheiten von mir im Leben, ca 9 Uhr aufstehen - früher 12 Uhr normal mit aufstehen, Disziplin mit Alkohol und Rauch, Wehmut mit Erlebnissen, Partys, Freunde, Gemeinschaften... Trotzdem das alles hinkriegen! Trotzdem natürlich POSITIVE ENERGIE, POSITIVE ZUKUNFT! Interessant sozusagen, meine Theraphien: sehr schön mit Logophädie, Ergo, Rehasport durch den Hausarzt! Aber die "Betreuerin" (Anwältin!) mit der Psychologin (Psychoterror!)... Aber ich werde den Kampf, Mut, Wille, Disziplin schaffen! 3 Tage? 1 Woche? 3 Monate? Oder tatsächlich bis 2025 bei der "Betreuerin"???? Ich schaffe es, weil ich selbstbewusst einen starken Geist habe ❤

Zu den Büchern möchte ich eine Art The Best of kreieren. Nach Zeiten schmökere ich ein ISBN-Buch und denke: wow, das hab ich ja, das war doch schon beim NO ISBN-Buch dabei. Auf jeden Fall sind die 7 ISBN-Bücher in sich auf EINEN BUCH. Es ist auch eine Chronologie und Fortschritte, Entwicklungen: Das 1. Buch BLOOD ON THE ROOFTOPS war auf EIN Buch konzipiert. Leider überladen, aber mit sehr viel Infos. Es war eine Wundertüte mit Albenlisten, Prosaen, TV-Serien, Story of Rock, was weiß ich. Das Beste waren die fb-Notizen mit 2011 bis 2017 - geile Momentums, wo ich gerade drauf war. Im Nachhinein ist das 1. Buch das beste Buch - trotz Überladung, lach.... BLOOD ON THE ROOFTOPS TEIL 2 und TEIL 3 war im Prinzip, das ich meinte, ich hab ja keine großen Auflagen, also mach ich was ich will. Trotzdem roter Faden mit Infos und Notizen (z.B. ausgewählte "Lebensjahre" mit Charts, von 1959, 1973, 2005 usw usw). Wie bei allen Büchern, war als roter Faden die Auswahl in Songtexten: A Day In The Life bis Hotel California, von Time bis Dear Prudence und und... GERD´S BLOOD war ein Werber-Booklet mit Abschluss. Aaaber dann dachte ich, ich möchte endlich ein BUCH schreiben! Kapitel und so... ÜBER MUSIK UND DIE WELT war dann so. Kapitels über Lebensliebe, Lieblinge des Autors über Wikipedia, die erfolgreichsten Songs, 1959 mit allen Zeiten usw LIEBE IST ALLES war wieder ein Fortschritt: Kapitel mit INHALT!!!! WOOOW!!!! Hahahahaha      Nein, im Ernst, Zeitgeschehen, Erlebnisse und Erinnerungen, Musik, Politik usw mit dem seitengrößten Buch und neben dem 1. Buch das beste Buch. Kapitel z.B. meine 70er Jahre Schule, G 20 in Hamburg, Grammy, Links usw... Und zum Abschluss das fotobuch MUSIC WAS MY FIRST LOVE. Das war ein bisschen angeberisch mit den Texten, aber eine Fleißarbeit der Fotos mit Musik mit Vinyl, CDs, Hefte, Bücher... THERAPHIESCHREIB könnte ich sagen, mit den NO ISBN-Büchern: DAS EICHHÖRNCHEN AUS DER DIMENSION war Tagebuch, Momentums, Befindlichkeiten usw: fur mich waren es keine Lesebücher, weil, warum soll ich das lesen, das ist doch Vergangenheit... Die letzten Bücher waren für mich Entwicklung (z.B. Artikulation) mit meinem Kopf - Theraphie - wieder endlich mehr Schreibkreativität, künstlerische Aufsätze oder kreative Fotos.

ICH HAB MEINEN WEG, Freiheit und Unabhängigkeit, OHNE diese Psychologin!!!!

0 Kommentare

Kommentieren ...

---------------------

Bisschen blöde Artikulationen... War ja erst gut einem halben Jahr... Es gab auch dieses Best of-no isbn-Buch... Aber natürlich trortdem die Betreuer, d.h. die Psychologin nicht (siehe vorher von diesem Buch)... Und ich hab immer noch meine Schlagworte: Reinheit, Gelassenheit, Gesundheit, Kampf, Mut, Wille, Disziplin etc... Positive Energie! Hab ich lange nicht mehr bemerkt: HARMONIE! Ist bei mir nun  auch wieder dabei: HARMONIE!! (21.06.21)

-------------------

THE BEST MUSIC! 1970er!

Blaues und Rotes Album (The Beatles 1973), At The Hollywood Bowl (The Beatles 1977), The Cry of Love (Jimi Hendrix 1971), Black and Blue (Rolling Stones 1976), Aqualung (Jethro Tull 1971), Bursting Out (Jethro Tull 1978), Crime to the Century (Supertramp 1974), Breakfast in America (Supertramp 1979), Watch (Manfred Manns Earthband 1977), Never Mind The Bollocks (Sex Pistols 1977), Natty Dread (Bob Marley & The Wailers 1975), The Kick Inside (Kate Bush 1979), Nina Hagen Band 1978, Ballhaus Pompös (Udo Lindenberg 1974), Yessongs (Yes 1973), Hotel California (Eagles 1976), A Day in the Opera (Queen 1975), Tales of Mystery and Imagination (Alan Parsons Projekt 1976), I Robot (Alan Parsons Projekt

1977), Saturday Night Fever (Soundtrack 1977), Rumours (Fleetwood Mac 1977), alle 70er Alben von Genesis, Pink Floyd, Led Zeppelin, Neil Young, David Bowie, desweiteren Made in Japan (Deep Purple 1972), In Rock (Deep Purple 1970), Highway to Hell (AC/DC 1979), Lovedrive (Scorpions 19was weiß ich, zu 95 % richtig mit den Jahreszahlen, war auswendig, lach) etc etc!Referenz: mit allen Alben und Jahreszahlen im Rocklexikon Ausgabe 2008, Eclipsed ROCK Bücher etc...

## VERLORENE ZEITEN UND MENSCHEN

Eine Immo-Mitarbeiterin aus den 1980ern

Zum Geburtstag gingen wir zur Kirche

Wegen Geldblues (war sofort selbständig)

Und ich hatte neue Wege

Wir hatten viel geholfen (Gag: Jagertee...)

Wir sind beruflich verstreut und sie war weg

Auch in den 1980ern, auch in Monnem

Fußgängerzone in den "Quadraten"

Meine Nase schnupperte zur Frau

Sekretärinnenschule und ich gewartet

Gebalzt und gemacht und dann Dates

G.A. aus Sizilien wohnte in LU

War später Chefsekretärin in Offenbach

In OF nochmal Date und sie war weg

Was ist ein Leben? Viele Wege?

Von Zeiten und Wegen neue Menschen?

Durch neue Möglichkeiten oder auch nicht?

Zeiten sind Illusionen durch diverse Menschen!

Mit neuen Prüfungen, Tests, Sinn?

Neue Möglichkeiten durch z.B. facebook

Eine Frau kennengelernt durch Fratzebuch

Von K-Town nach Annweiler war Lottogewinn

Ein Quantensprung durch mein neues Paradies

Diese Frau schaffte es alles zu sein: Ying & Yang

Lebensliebe & Lebensrettung, Gut & Böse

Himmel & Hölle, das war nur eine Frau

Und ich Leben, Zeiten, Glaube, Wege, Sinn

Himmel & Erde durch Katzemäädsche und Vater

Seitdem weiß ich es, das Gott gibt

Leben und Tod miteinander

Durch Reinheit und Gesundheit meine

POSITIVE ZUKUNFT

02.05.21 00:22

Gerd Steinkoenig Gerd F Steinkoenig

Positive Energie, positives Leben, positive Gesundheit, positive Zeiten, positive Liebe

**facebook.com/binmitdabei**

# Heutzutage würde Pipi Langstrumpf mit Ritalin vollgepumpt und von der Supernanny auf der stillen Treppe zu Tode pädagogisiert werden.

@Musicminden

Der untere Brief bin ich! Ritterschlag als Leserbrief von DER SPIEGEL!! Yeah!! Das müsste 2012 sein. Ich hatte aus den 1980ern ein Leserbrief vom Musikexpress und ein Leserbrief von Sport-Bild. Aber Der Spiegel! Wooow....

Schwanenweiher Annweiler am Trifels, Mai 2017

THE STORY OF ROCK...

Rock n Roller - Chuck Berry, Elvis Presley

Das Selbe wie Mozart, Beethoven - The Beatles

Media Rebellen - Rolling Stones

Rockoper - The Who

Gitarrengott - Jimi Hendrix, Eric Clapton

Bluesgöttin - Jans Joplin

Hardrocker - Deep Purple

Kultur 70er - Genesis, Pink Floyd

Querflöte - Jethro Tull

Querdenker - Frank Zappa

Rock Megaband - Led Zeppelin

Punkekstase - Sex Pistols

Positive Vibrations - Bob Marley

Minimal optimal - The Police

Chicks For Free - Dire Straits

80er Megaband - U 2

Letzte Oldschool Band - Guns N Roses

Party - AC/DC, Van Halen

Metal - Metallica

Grunge (last rockrevolution) - Nirvana

Mein Seelenverwandter - Neil Young

Meine Helden - David Bowie, Kate Bush, Bruce Springsteen, Sade, Peter Gabriel, Steve Hackett, John Lennon, Jimi Page, Annie Lennox, Udo Lindenberg, Nina Hagen Band, Massive Attack, Marillion, Yes, David Gilmour etc etc...

C P 26.04.2021 Gerd F Steinkoenig  Gerd Gerd

TV bei XMas 2020? Asterix Filme (Super RTL), Bud & Terence Filme (Kabel1), Edgar Wallace Filme (NITRO) hahaha...

Das erste Jahrzehnt

Zeitgeist der 1960er: Mit Schirm Charme und Melone 2011 auf arte, Beatles oder Stones auf "Good Old RockMusic", 60er Jahre-Radio auf last.fm, mittlerweile gibt´s neue Serien die in den 60ern spielen, das erste Jahrzehnt meines Lebens, Telefon mit Wählscheibe, die erste Waschmaschine, 2 Programme im TV ab 1963, Farb-TV ab 1967, APO und Minirock, JFK und Mondlandung, 2001-Odysee im Weltraum und Raumpatrolie Orion, Sommer voller Schmetterlinge, Stachelbeeren aus dem Garten... (fb 2011)

Moi Katzemääädsche Molly 2005 - 2021

Wir sehen uns wieder irgendwann im Nirvana!!

Nach ca 48 Jahren, nach Bravo (Hefteanfang 1973), Sounds, Musikexpress, Musikjoker, Pop, Rolling Stone, Visions, Creem, Mojo, Eclipsed, Metal Hammer, Classic Rock etc, hab ich heute am 28.04.21, mein letztes Musikheft gekauft. Referenz (hab noch viel aus der Sammlung): RS Die 500 besten Alben aller Zeiten, RS Die 100 besten Songs von Neil Young, 4 Bücher von Eclipsed etc...

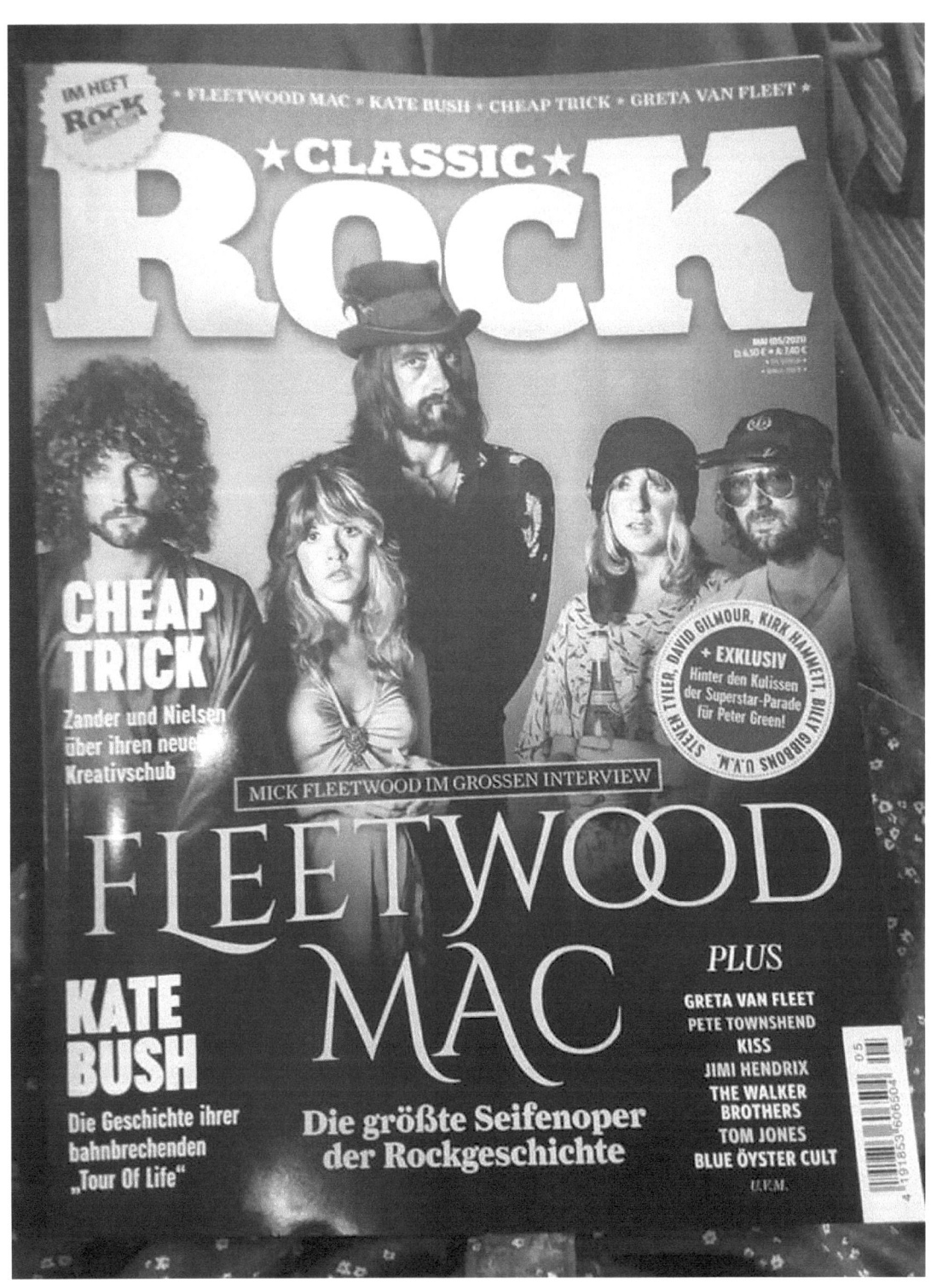

Mein letztes Musikheft nach 48 Jahren...

Meine Vinyls sind weg - nur noch ein paar Alben und meine Vinylsingles. Sogar komplett und vorallem die Singles von Opa (sogar Elvis Presley!). A Trick Of The Tail (1976) von Genesis ist einer meiner größten Lebenssoundtracks!! Siehe aus meinen diversen Büchern...

-----------

Weiß ich nicht mehr - anscheinend nur eine Sequenz...

Gerd Steinkoenig

12. Juni 2015  ·

Mit Deine Freunde geteilt

Herzlich willkommen in Die KUNSTseite    Früher bekannt als Esperanto... Hab was zusammengedichtet...    Und Ihr seid auch aufgerufen: Gedichte, Gemälde, Zeichnungen, Fotografien, Musik und und....

--------

Fotofrafien, Collagen, Hobby...

Und 5 Social Networks: die Chefsache facebook, dann Tik Tok (Statements-Videos von mir, Fotos), Instagram (Fotos, Collagen), Twitter (Satire, Politik, ab und zu ein Foto), you tube (Songlisten und zuletzt - Juni 2021 - 5 Videos mit dem Thema ZEITENSAMMLER inkl. Woke, political correctness, 30 Lebensalben etc).

In facebook sind zig Alben mit meinen Landschaftsfotografien, aber auch meine Bücher, CD-Sammlung, DVD-Sammlung, Video-Sammlung, Hefte-Sammlung etc... Vornedran, das sind Andenken, z.B. C.T.

DANK AN ALLE 21 ISBN-BÜCHERN!!!!!!!!!! FÜR EUCH MIT HARMONIE, LIEBE, GELASSENHEIT, FREIHEIT, GLÜCK: thank you an ALLE meine BetreuerXinnen, meine Betreueranwältin, meine liebevolle Sekretärin, Margit Schäfer, Christa Krauß, Annette Wittig, Verena Wyler, Martina Münch, Stefanie Frank, Edith Stojka, Dejana Strasky, Katharina Stein, Monika Klekottka, Kirsten Frühauf, Monika Pacher, Claudia Schmidt, Christine Hamann, C.W. und weitere Menschen!!

Gerd Steinkoenig, 21.06.2021 (Annweiler am Trifels)

Gerd Steinkoenig

9. Februar ·

Mit Öffentlich geteilt

Öffentlich

HINTERLAND (frei nach Casper)

Freunde und Gemeinschaften

Wegen einem Hirninfarkt

Keine Freunde von genau diesen

HINTERLAND

"Die falschen Drogen zur richtigen Zeit"

Planeten um die Sonne im Hinterland

Jetzt bin ich Sonne und Planet in einem

Alle sind sie versprengt

HINTERLAND

Das komplette Leben in einem Jahr

2017 mit Vatertod, Berufung, Mobbing, Hirninfarkt

Enthusiasmus und Station 42 (die Antwort)

HINTERLAND

2021 mit Katzemäädschetod nach knapp 16 Jahren

Die ganze Zeit grau, Schnee, Winterblues

Aber beim Katzentod ist blauer Himmel und Sonne

HINTERLAND

Nachts zuvor miaut Katzemäädsche Molly zu mir

"Ich sterbe bald, muss zum Katerchen, hilf mir"

Wir umarmten uns, sie ging ins Licht

Könnte es sein, das ihre Seele durch mein Arm hindurch schwebte?

Hatte ich daher gleich einen invisible Draht gekannt?

HINTERLAND HINTERLAND

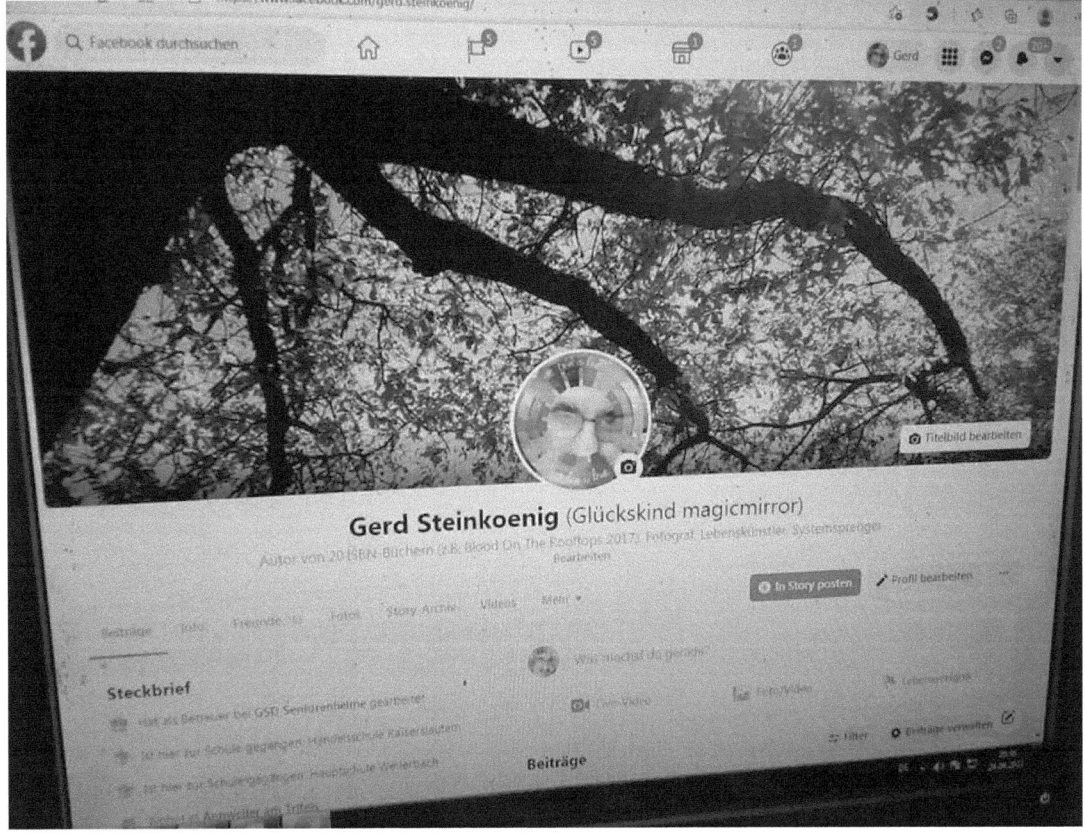

Gerd Steinkoenig

20. März um 21:26 ·

Mit Öffentlich geteilt

SAMSTAGE in den 70ern war Gartenarbeiten oder betonieren oder Rasen mähen, irgendwie am Haus etc... Bei JEDEM vom Vadder und den Nachbarn und gefühlte 10 Radios mit Bundesligakonferenz... Und später Samstagbadewanne, ZDF-Hitparade, Am laufenden Band und ähnliches. Ca 1976 wurde ich flügge mit den Partys, Discos, Studentenkneipen, Freunde, Lagerfeuer etc. Und immer noch im Elternhaus mit Hochs und Tiefs, mein geiler Kellerraum, meine Freundinnen etc Im Elternhaus war Leben, auch in allen Jahren - bis 2017... Vadder war tot. Mutter ist noch da - aber für mich ist kein Leben mehr.  Gerd Gerd Steinkönig 20.03.21

 **Gerd Steinkoenig**
22. März · 🌐

Der Charakter von Menschen durch Covid19
Dekadenz wegen Osterurlaub
Am Besten 4 x Urlaub
Urlaub bei mir war zuletzt 1986
Die Leute können abkacken
Hauptsache Urlaub
My Ex-Betreuerpsycho antwortet nicht
Bei meinen e@mails kommt nix
Die 2 neuen Betreuer-Assis sind gut
Aber meine "Betreuer"-Anwältin
Hat keine Ahnung von mir
Bei Covid19 haben Sie alle Ausreden
Hauptsache keine Zeit
3 x angefragt und nix
BRD-Regierung ist auch scheiße
Vielleicht nach Wien oder Madrid?
Vielleicht Hawaii oder Seychellen?
CP 220321 Gerd Steinkoenig

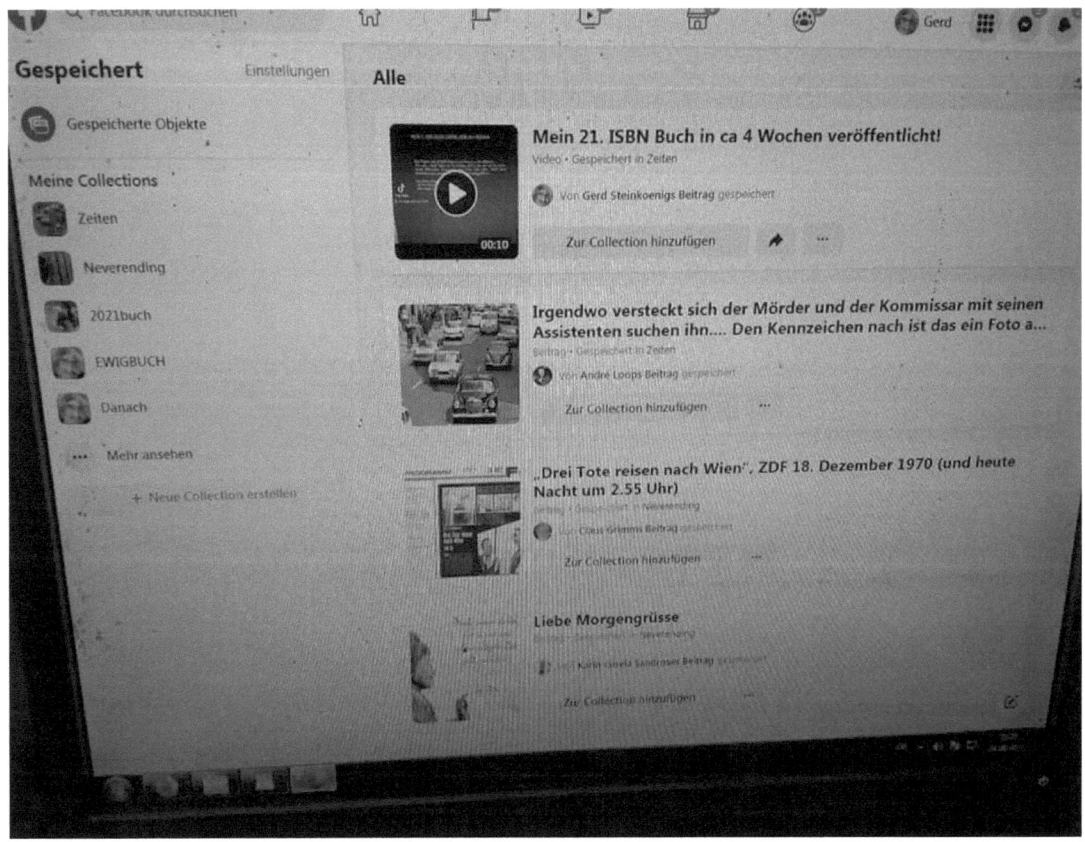

**Gespeichert**      Einstellungen      **Alle**

Gespeicherte Objekte

**Meine Collections**

Zeiten

Neverending

2021buch

EWIGBUCH

Danach

... Mehr ansehen

+ Neue Collection erstellen

**Mein 21. ISBN Buch in ca 4 Wochen veröffentlicht!**
Video · Gespeichert in Zeiten
Von Gerd Steinkoenigs Beitrag gespeichert
Zur Collection hinzufügen

**Irgendwo versteckt sich der Mörder und der Kommissar mit seinen Assistenten suchen ihn.... Den Kennzeichen nach ist das ein Foto a...**
Beitrag · Gespeichert in Zeiten
Von André Loops Beitrag gespeichert
Zur Collection hinzufügen

**„Drei Tote reisen nach Wien", ZDF 18. Dezember 1970 (und heute Nacht um 2.55 Uhr)**
Beitrag · Gespeichert in Neverending
Von Claus Grimms Beitrag gespeichert
Zur Collection hinzufügen

**Liebe Morgengrüsse**
Von Karin Gisela Sandroses Beitrag gespeichert
Zur Collection hinzufügen

■■ Rasteransicht

**Gerd Steinkoenig**
27 Min. ·

Disco Geilsongs Teil 8 - waren heute Abend 8 unvergessenen Discosongs, vielleicht bald die nächsten unvergessen Discosongs, lach... Die geilste Zeitreise ist DISCO!!

YOUTUBE.COM
**Amii Stewart - Knock On Wood - Official Video**
The video for the title track from Amii Stewart's 1979 album. A cover of Eddie Floyd's 1966 Sta...

Herstellung und Verlag: BoD – Books on Demand, Norderstedt
ISBN: 9783754313527